This Book Belongs to

_____

_____

_____

Copyright *Maria@jencovii.com*

Date

Date

Date

Date

Date _____

Date

Date

Date

Date

Date

Date

Date

Date

Date

Date

Date

Date

Date

Date

Date

Date

Date

Date

Date

Date

Date

Date

Date

Date

Date

Date

Date

Date _____

Date

Date

Date
_____

Date

Date

Date _____

Date

Date

Date

Date

Date

Date

Date
_____

Date

Date

Date

Date

Date

Date

Date

Date

Date

Date

Date

Date
_____

Date

Date

Date

Date

Date

Date

Date

Date _____

Date

Date

Date

Date

Date

Date

Date

Date

Date

Date

Date

Date

Manufactured by Amazon.ca
Acheson, AB